# 寻巴 FIND BA AND CONG 觅寳

## 宣汉罗家坝遗址
### 出土文物选粹

SELECTED CULTURAL RELICS UNEARTHED
AT LUOJIABA SITE IN XUANHAN

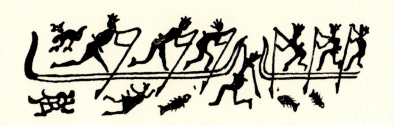

◆ 编者 | 四川省文物考古研究院　　◆ 主编 | 陈卫东　　蒲　茵
达州博物馆
达州市巴文化研究院
罗家坝遗址博物馆

文物出版社

图书在版编目（CIP）数据

寻巴觅賨：宣汉罗家坝遗址出土文物选粹 / 四川省文物考古研究院，等编；陈卫东，蒲茵主编. -- 北京：文物出版社，2023.2
ISBN 978-7-5010-7977-3

Ⅰ.①寻… Ⅱ.①四… ②陈… ③蒲… Ⅲ.①出土文物—介绍—宣汉县 Ⅳ.①K873.714

中国国家版本馆CIP数据核字(2023)第026258号

**寻巴觅賨**——宣汉罗家坝遗址出土文物选粹

| | |
|---|---|
| 编　　者 | 四川省文物考古研究院 |
| | 达州博物馆 |
| | 达州市巴文化研究院 |
| | 罗家坝遗址博物馆 |
| 主　　编 | 陈卫东　蒲　茵 |
| 责任编辑 | 刘永海 |
| 责任校对 | 李　薇 |
| 责任印制 | 王　芳 |
| 出版发行 | 文物出版社 |
| 社　　址 | 北京市东城区东直门内北小街2号楼 |
| 邮政编码 | 100007 |
| 网　　址 | http://www.wenwu.com |
| 经　　销 | 新华书店 |
| 制版印刷 | 天津图文方嘉印刷有限公司 |
| 开　　本 | 889mm×1194mm　1/16 |
| 印　　张 | 14.25 |
| 版　　次 | 2023年2月第1版 |
| 印　　次 | 2023年2月第1次印刷 |
| 书　　号 | ISBN 978-7-5010-7977-3 |
| 定　　价 | 360.00元 |

# 编 委 会

# 晚期巴国的璀璨明珠

## ——宣汉罗家坝遗址

陈卫东

四川省文物考古研究院

——

巴文化的探索起于 20 世纪 30~40 年代，当时有一批内迁四川的学者，他们对四川当地的文化产生了浓厚的兴趣，也促使了一大批关于四川古代历史研究成果的产生，尤其是卫聚贤等人提出了"巴蜀文化"的概念，首次使学术界认识了先秦时期的巴蜀文化。1954 年因修建宝成铁路，时任四川省博物馆馆长的冯汉骥先生率队对广元昭化宝轮院和重庆巴县冬笋坝墓地进行了发掘，发掘墓葬 70 余座，冯先生随后在《四川船棺葬发掘报告》中首次将这类遗存定性为"巴文化"。

20 世纪 70 年代，重庆涪陵小田溪墓地的考古发掘，尤其是 1、2 号墓葬，随葬器物众多，甚至包含有成组的铜编钟。结合《华阳国志》等史书的记载，诸多学者将涪陵小田溪墓地认定为巴王陵所在。随着考古的不断进行，对涪陵小田溪墓地年代的认识在学术界基本达成共识，即为秦灭巴蜀以后的战国末期至秦。此一时期，巴是秦国统治下的一个少数族群。

20 世纪 80 年代，湖北西部的清江流域发现了一批独特的文化遗存，以"路家河遗址"为代表，出土了大量的圜底器物，结合《后汉书》等历史文献的佐证，说明这些文化遗存可能与巴人传说中的"廪君"故事有关，因此很多学者将这一区域认定为早期巴文化的活动区域。与此同时，汉水上游的汉中盆地也有发现，这批文化遗存与路家河遗址出土器物相似，有学者也将其认定为早期巴文化。

1996 年开始的三峡工程，产生了迄今为止中国最大的田野发掘工地，工地上集中了国内几乎所有的高校和科研院所。三峡地区考古发掘最重要的一个目标就是解决三峡地区巴文化的问题，经过了近10年的考古发掘，三峡地区的巴文化序列基本建立了起来。三峡地区在历史文献记载中本是巴国的腹心地带，考古发掘的历史遗存中理应包含作为国家应该有的要素，如城址、大型建筑、高等级墓葬等，但令人遗憾的是这些要素并未被发现。

《华阳国志》等史书记载巴国地域"其地东至鱼复（今重庆奉节），西至僰道，北接汉中，南及黔涪"。从这一视角出发，我们发现早期巴文化的分布范围是东起湖北西部的清江流域西至汉水上游的汉中盆地，而三峡地区则是巴文化的腹心地带。遗憾的是作为巴文化另一重要拼图的川东地区，则始终未能开展相关的考古工作。四川，古代又称"巴蜀"地区，关于蜀文化的探索一直是四川考古工作者义不容辞的责任，三星堆、金沙、商业街船棺葬等一系列的重要考古发现，重建了夏商周时期的古代蜀文化，但川东地区的巴文化探索则因为种种原因迟迟未能开展。故2000年后，四川省文物考古研究院就将川东地区的巴文化探索作为主要课题，相继开展了多次的考古工作，其中最重要的就是宣汉罗家坝遗址的考古发掘。

二

罗家坝遗址位于四川省达州市宣汉县普光镇进化村，处于中河与后河交汇的二级阶地，三面环水，一面靠山，由罗家坝外坝、罗家坝内坝和张家坝三个独立的自然单元构成。总面积120万平方米，其中核心区面积约70万平方米。2001年经国务院公布为第五批全国重点文物保护单位，2016年和2021年，分别被国家文物局纳入十三五、十四五期间大遗址保护利用专项规划，也是目前巴文化研究少有的大遗址之一。

早在20世纪50~80年代，当地村民在进行农业生产生活时，曾多次发现青铜器，这些青铜器现已大多散失。据当地村民回忆，在农业生产生活中发现的青铜器，大多数卖给了当地的废品收购站。1987年第二次文物普查时，四川省文物考古研究所（2004年更名为四川省文物考古研究院）的莫洪贵等人，当得知此地有青铜器卖给了废品收购站时，立即前往查看，随即在废品收购站征集了一批青铜器，现在的这批器物分别存放在达州博物馆和宣汉县文物管理所。基于征集的青铜器，当时的普查人员将该遗址定名为"罗家坝战国墓地"。

1998年，长江流域大水，处于川东地区的罗家坝遗址亦未能幸免。洪水过后，时任达州市文物管理所的马辛莘前往罗家坝遗址进行考察，发现沿河岸一侧垮塌严重，于是找到了时任四川省文物考古研究所考古队队长的王鲁茂，将看到的详细情况进行了汇报。王鲁茂立即向国家文物局申请考古发掘，1999 年获国家文物局批准支持，当年 9~10 月，四川省文物考古研究所对罗家坝遗址进行了第一次考古发掘，揭露面积 50 平方米，弄清了该遗址是由新石器时代和东周时期文化遗存组成的。因其重要性，此次考古发掘成果被四川省文化厅评为 "1999 年文物考古工作十大成果" 之一。

2003 年，为弄清罗家坝遗址的内涵，四川省文物考古研究所对该遗址进行了第 2 次考古发掘，揭露面积 450 平方米，清理了 33 座东周秦汉时期的墓葬，尤其是 M33，是目前发现的晚期巴国境内年代最早、最高等级的墓葬。此次考古发掘成果入围 "2003 年度全国十大考古新发现" 终评。

2007 至 2008 年，为扩充罗家坝遗址的内涵，四川省文物考古研究院等单位对该遗址进行第 3 次发掘，揭露面积 500 平方米，新清理了一批东周墓葬，进一步完善了罗家坝遗址东周墓葬的内涵。

前三次考古发掘结束以后，就进入了漫长的文物修复和报告整理期，2015 年，汇集罗家坝遗址前三次考古发掘成果的《宣汉罗家坝》大型考古报告由文物出版社出版。这是中国首部全媒体可视化考古发掘报告。

罗家坝遗址新石器时代的文化面貌一直不是很清晰，因此 2016 年，四川省文物考古研究院等单位对罗家坝遗址外坝中部进行了发掘，揭露面积 300 平方米，新发现了一批典型的包含大量细石器的文化遗存。并初步建立起川东地区距今 5300~4500 年的文化序列，为嘉陵江流域新石器时代文化的研究提供了新材料，对了解从汉中盆地到长江三峡地区新石器时代的文化格局具有重要价值。

从 2019 年开始，四川省文物考古研究院对罗家坝遗址开展了持续的考古发掘，正式拉开了罗家坝遗址系统性考古工作的序幕。2019~2020 年，为弄清罗家坝遗址东周墓地的布局，四川省文物考古研究院对罗家坝遗址东周墓葬进行了两次（即第 5、6 次）发掘，两次揭露面积共计 1300 平方米。新发现了一批战国早中期墓葬，部分墓葬等级较高。尤其是新发现了 8 座墓葬有龟甲随葬，是目前在晚期巴蜀墓葬中仅有的。因其重要性，此考古发掘成果入围 "2020 年度全国十大考古新发现" 终评。

2021 年，四川省文物考古研究院对罗家坝遗址进行第 7 次发掘，清理了一批秦代至西汉初年的墓葬，进一步完善了罗家坝遗址的内涵，尤其是一批秦代墓葬的发现，对进一步明确罗家坝墓葬的年代和族群提供了新的材料。此次考古发掘还发现了汉代的冶炼遗存。

2022 年，为了解罗家坝东周墓地与同时期遗址之间的关系，我们对遗址中东部地区开展了进一步的考古工作，截至本书稿完成，考古发掘仍在进行中。

四川省文物考古研究院等单位先后公布了不同年份的罗家坝遗址考古材料，主要包括《四川宣汉罗家坝遗址1999年度发掘简报》《四川宣汉罗家坝遗址2003年度发掘简报》《四川宣汉罗家坝遗址2015~2016年度新石器时代遗存发掘简报》等，并于2015年将1999、2003和2007年发掘的材料集中汇总，出版了《宣汉罗家坝》大型考古发掘报告。2017年，还召开了"宣汉罗家坝遗址与巴文化"学术会议，会议围绕罗家坝遗址、罗家坝东周墓葬、出土器物和巴文化等主题展开了深入交流，会后出版了《宣汉罗家坝与巴文化》一书。这也是目前罗家坝遗址研究最重要的成果之一。

三

　　罗家坝遗址进行了7次及正在进行的共计八次考古发掘，揭露总面积4000平方米，共清理东周墓葬200余座，出土各类器物3000余件，取得了重大成果，主要体现在以下几方面：

### 1. 弄清了墓葬的布局

　　整个墓地由南向北分布，南部墓葬年代较早、等级较高，北部墓葬年代较晚，等级较低。中大型墓葬周边较为空缺，说明大中型墓葬原应有较为明显的标志。

### 2. 明确了墓葬所属的族群

　　与成都平原相比，罗家坝遗址墓葬的形制、随葬品等方面呈现出明显的差异，如在成都平原流行的船棺葬在罗家坝并未广泛使用，罗家坝流行的是狭长方形墓葬；随葬品中，圜底器的数量远远高于成都平原；青铜器虽然较为一致，但也存在一定的差异，如礼器并未出现成套使用的现象。墓主人葬式（仰身直肢葬和二次葬）、葬具的使用（船棺和木棺的使用极少）等呈现多样性。因此我们认为罗家坝东周墓葬的主人以巴人为主，还夹杂有其他族群的人员。最近有学者认为，罗家坝东周墓地是蜀国的一个军事据点，但我们认为无论从历史文献、族群研究理论还是从考古发现的物质遗存来看，均表现出了独特性，其应是古代巴人的一支，从地望和历史文献来解读，应与古代的賨人（或板楯蛮）密切相关。

### 3. 认识了墓主人的社会地位区别

　　从对罗家坝墓主人的人骨鉴定结果来看，男、女在中年（即40岁左右）时死亡率最高。男女的社会分工也出现了明显分化，表现在随葬品上就是男性随葬兵器非常普遍，尤其是铜剑和铜箭镞，女性常见随葬纺轮。从随葬品的数量和等级上看，男女差异更为明显，男性墓随葬品数量多，等级较高，主要是铜兵器、容器和礼器；女性随葬品数量较少，主要是陶器和装饰品，这说明女性的社会地位较男性低。

### 4. 明白了随葬品文化风格的来源

罗家坝遗址东周墓地出土的随葬品数量众多，尤其是青铜器，已出土了千余件，类型包括兵器、容器、礼器、工具、装饰品等。兵器以剑、戈、矛、箭镞等为主，多数墓葬中均有随葬，是巴蜀青铜器中最具代表性的器物，彰显着古代巴人的勇武善战。容器包括釜、釜甑、鍪、尖底盒等，主要为日常使用的炊具，同样为代表性器物。礼器出土数量较少，主要为鼎、甗、壶、尊缶等，形制多受邻近的楚文化影响。此外还出土两件形制特殊，连缀在革带上使用的青铜腰带饰，均出土于随葬龟甲的墓葬中，可能与巫术仪式中的服饰有关。其中一件作镂空的两马拉车造型，车轮平绘，双马俯卧侧立，左右缰绳歧出，连接着辔头，呈现的是俯视的效果；另一件则是将一群小猪镶嵌于腰带上，前后各有一猪稍大，中间三五成排的小猪，呈行进状，其后还有一人手持杆作赶猪状，从器形及装饰风格来看，应是受到了北方中原地区青铜文化的影响。

### 5. 再次证实了巴蜀尚巫的文化传统

2019~2021 年的三次发掘中，共在 9 座墓葬中先后发现有龟甲随葬，其中以 M83 最为重要，该墓也是继 M33 后又一座大中型贵族墓葬，此墓为男女二人合葬墓，随葬器物 150 余件，出土了大量带有典型巴蜀文化风格的青铜器。女性墓主位于墓室东侧，随葬器物以铜饰品、小型玉器为主，兵器少而小；男性墓主则随葬数量较多的铜兵器、工具、箭镞、礼器等，呈现出鲜明的性别差异。引人注目的是，M83 男性墓主随葬了大量的龟甲、鹿角，部分龟甲上可见有钻凿痕迹，应为占卜用器，推测墓主身份可能与"巫师"有关。除 M83 外，其余 8 座随葬龟甲的墓葬规格也较高，均有较为丰富的随葬品出土，推测埋葬主人身份也可能与"巫师"相关。所出土的龟甲有龟背甲和龟腹甲两种，而且往往一座墓葬中两者都有，且均可见凿成的长方形孔，只是未进一步烧灼使用。

巫文化是中国传统文化中延续时间较长、内容也较为丰富组成部分，对古代文学、艺术、天文、医学、音乐、舞蹈乃至人们的思维方式和价值观念都产生了深远的影响。上古时期，巫风盛行，当时的人们崇尚鬼神，祭祖敬神是最重要的文化、宗教活动之一，专门从事与鬼神沟通的巫祝在社会上有极其崇高的地位。

巴人居住的地区自古就是巫术发育繁盛之地，文献中对巴蜀之地的巫师进行了较为详细的介绍，如《山海经·海内西经》说："开明东，有巫彭、巫抵、巫阳、巫履、巫凡、巫相，夹窫窳之尸，皆操不死之药以距之。"除了开明东的六巫以外，又有灵山十巫，如《山海经·大荒西经》："有灵山，巫咸、巫即、巫盼、巫彭、巫姑、巫真、巫礼、巫抵、巫谢、巫罗，十巫从此升降，百药爰在。"可见巴蜀之地的尚巫传统。春秋战国时期，巫风依旧盛行。这批与"巫"相关的墓葬的发掘，无疑为研究巴文化及当时的社会面貌具有重要意义。

### 6. 印章与巴蜀符号展现了巴国的发展状况及文化面貌

印章也是罗家坝遗址出土随葬品中非常具有特色的一类器物，现已出土40余枚，加上以往的考古发现，数量为四川地区已发掘东周秦汉墓地之最。质地包含铜、石、骨、玉等；形状有圆形、方形、不规则形、动物肖形等，形制各异；印文包括几何纹、巴蜀符号、文字等；时代自战国早期延续至西汉早期，可见演化转变规律。显然，这批印章的发现，对于巴蜀地区印章起源、演化及其性质内涵等研究具有重要意义。

此外，罗家坝遗址以往出土的器物中还发现有大量的巴蜀符号，已有学者对其进行过相关的专业研究。近三年的考古发现，新增了大量巴蜀符号，不仅在铜器、印章、陶器上有新的发现，而且在石器上也有发现。其数量种类之多，内涵之丰富，也为"巴蜀符号"研究提供了新的重要材料。

四

罗家坝遗址是四川战国早期至秦汉时期的重大考古发现，它集中展示了战国早期至秦汉时期川东地区的考古学文化面貌和发展序列，其墓地规模、随葬品的数量及其等级在巴文化研究中居于重要地位，从不同的角度集中展示了巴国在各方面的发展状况和文化面貌。罗家坝遗址的考古发现是继三星堆、金沙以来，四川地区最重大的考古发现，填补了晚期巴文化的空白，是晚期巴文化最为璀璨的明珠。

# 目 录

**晚期巴国的璀璨明珠**
——宣汉罗家坝遗址 ———————————————— 005

（一） 导　言 ———————————————————— 013

（二） 新石器时代 ————————————————— 021

（三） 战国时期 —————————————————— 041

（四） 秦汉时期 —————————————————— 213

后　记 —————————————————————— 225

# 导 言

（前 3300~ 前 2500 年）

从 1999 年开始，罗家坝遗址先后开展了 8 次考古发掘，发掘表明该遗址存在新石器时代晚期和东周秦汉两个主要时代堆积，其中新石器时代晚期遗存是川东地区首次发现持续时间长达 800 年的遗存，出土的大量细石器，为重构川东地区的新石器时代文化序列提供了新材料。东周时期是该遗址的主要时期，其中东周墓地的发掘是在古代巴国领域内的重大考古发现，尤其是 M33 和 M83 的发现，填补了秦灭巴蜀前巴国中大型墓葬的空白。

图1　罗家坝遗址全景

图 2　清理墓葬

图 3　清理墓葬

图4 三维扫描

图5 提取文物

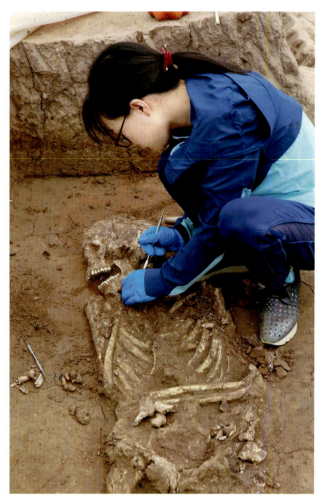

**图6** 提取人骨

**图7** 提取土样

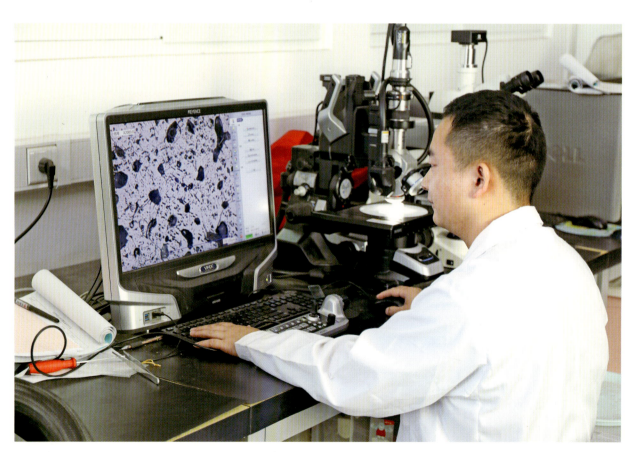

**图8** 科技分析

2015SxLA区TN05E25

**图9** 提取土样

# 新石器时代

（前 3300~ 前 2500 年）

　　四川地区新石器时代遗存的来源问题一直是学术界
争论的焦点，而川东地区有目前四川发现最早的新石器
时代遗址，即距今 7000~6000 年的中子铺遗址。但中子
铺遗址与其他四川发现的新石器时代遗存还存在巨大的
缺环。作为沟通汉中盆地和长江三峡的嘉陵江流域，位
于其间的罗家坝文化遗存的发掘出土，对沟通这两地新
石器时代文化格局具有重要意义。罗家坝遗文化是距今
5300~4500 年的新石器时代遗存，为全面了解新石器时
代晚期川东地区的文化格局，及其与汉中盆地和长江三
峡地区新石器时代的关系提供了重要材料。

图10 H85

图11 H139

图 12

**陶罐**（99T1⑥: 1）

※ 夹粗砂红褐陶，方唇，侈口，斜深腹，平底。沿下饰一圈附加堆纹，腹上部有4道凹弦纹，弦纹之间、腹下部和底部均拍印有交错细绳纹。

※ 口径31、底径14、通高30.8厘米

图 **13**

**陶罐**（H137：1）

※　夹粗砂红褐陶，内黑外红，方唇，侈口，颈微束，
溜肩，上腹微鼓，平底。唇部饰滚压的绳纹花边，口
部以下均饰滚压的交错绳纹。

※　口径 37.6、通高 20.6、底径 49 厘米

图 14

**陶罐**（H90：4）

※　夹细砂红褐陶，内黑外红，卷沿，方唇，束颈，中腹微鼓，平底。唇部饰有用尖锐器按压的花边，腹上部饰戳刺纹，底部饰绳纹。

※　口径15.6、底径11.8、通高20厘米

**图 15** **陶罐**（H105：7）

※ 夹细砂红褐陶，内黑外红，卷沿，方唇，侈口，束颈，中腹微鼓，平底。唇部饰绳纹滚压的花边，器身饰交错绳纹，底部饰绳纹。

※ 口径17.6、底径9.2、残高18.8厘米

图 16

**陶罐**（H133：11）

※　夹粗砂红褐陶，内黑外红，卷沿微折，方唇、侈口，微鼓腹，平底。唇部饰有按压的花边，腹上部饰有两组4道排列不规整的附加堆纹，腹部横向饰一道宽附加堆纹。

※　口径52.4、底径22.4、通高49.6厘米

图 17

**陶罐**（H85：3）

※　夹细砂灰褐陶，宽斜折沿，方唇，上腹略直，下腹弧收，平底。唇部饰戳刺的花边，器身通饰交错细绳纹，腹部饰5道附加堆纹，附加堆纹上饰戳刺纹。

※　口径24.2、底径8、通高23.6厘米

 19　　**陶罐**（H133：13）

※　　泥质灰陶。卷沿近直，方唇，束颈，腹以下残。

※　　口径36.4、腹径40.8、残高17厘米

图 20　　陶盆（H89：15）

　　※　泥质灰陶，表面磨光。侈口，圆唇，折腹，腹
下部残。

　　※　口径33.6、腹径30.8、残高12.4厘米

图 21 | 陶钵（H139：4）

※　泥质黄褐陶。尖圆唇，敛口，弧腹，最大径在
上腹部，平底。

※　口径18、腹径19.8、底径7.2、通高9.4厘米

图 22 **陶钵** (H91: 8)

※　泥质灰褐陶，表面磨光。圆唇，折腹，下腹斜直，平底。最大径在中部折腹处，折腹处饰一对鸡冠耳。

※　口径26、腹径29.4、底径12.4、通高11.6厘米

 图 23　　**细石核**（H124：2）

※　船形石核。石核上可见两个剥片面，分属不同剥片序列。剥片序列Ⅰ台面已不可见，现存4个亚平行的片疤；拨片序列Ⅰ结束后，更新了台面，在更新后的台面上进行剥片序列Ⅱ的剥片，剥片序列Ⅱ现存4个亚平行的片疤。两个剥片面剥片方向不一致，转向约70°。同时，在石核的左侧面运用砸击法进行了修理，修理几乎打掉了原剥片面的30％，但是并未更新出新的可供剥片的背脊；其后在原剥片面底缘也进行了一次修理，可能是为了剥取长石片以形成新的背脊，也失败了，石核最终被废弃。

※　石核长2.9、宽2.2、厚2厘米

图 24 　**细石叶**（TS09W22⑧：1）

　※　背面同向3个片疤，侧缘平直，远端呈羽状。

　※　长1.65、宽0.62、厚0.1厘米

图 25 　**细石叶**（H94：4）

　※　背面同向两个片疤，侧缘平直，远端呈羽状。

　※　长1.55、宽0.65、厚0.2厘米

图 26 **细石叶**（H94: 2）

※ 背面仅1个片疤，侧缘平直，远端呈羽状。

※ 长2.14、宽1.3、厚0.1厘米

图 27 **细石叶**（H94: 16）

※ 背面同向两个片疤，侧缘平直，远端呈阶梯状。

※ 长2.5、宽0.75、厚0.15厘米

图 28 **细石叶**（H90: 6）

※ 背面同向3个片疤，背脊平行，侧缘平直，远端呈阶梯状。

※ 长3.15、宽0.92、厚0.2厘米

寻巴觅宝

宣汉罗家坝遗址出土文物选粹

图 29

砺石 (99T2①: 7)

❋ 体呈不规则椭圆形，一面中部可见明显的磨痕凹槽，其他几面保持原有的自然砺石面。

❋ 长48、宽19.6、厚9厘米

图 30 | **磨石**（H125：6）

※　红色砂岩质砾石，近椭圆形。两面中部明显磨凹。

※　长径9.9、短径6.7、厚3.5厘米

图 31 | **磨石**（H94：18）

※　灰白色砂岩岩块，形状不规则。有4个磨光面，其中一面明显磨凹。

※　长10.1、宽9.3、厚6.6厘米

**图 32** 　　**石斧**（TS10W23⑥：1）

　　※　　灰色，硅质灰岩，几乎通体磨光。整体略呈梯形，基部和两侧缘有明显的修窄修薄的痕迹和片疤，刃部为弧形偏刃，刃部一侧使用程度较高。

　　※　　长8、宽5.45、厚1.6厘米

**图 33** 　　**石斧**（H94：1）

　　※　　白色，石英岩，通体磨光。整体略呈正方形，顶端残，侧面有连续的片疤，有明显的修薄迹象，弧刃近平，刃部有明显的使用过程中产生的崩疤。

　　※　　残长5.5、宽5.6、厚1.8厘米

**图 34** 　　**石箭镞**（H66：3）

　　※　　硅质灰岩，片状，通体磨光，两侧缘刃部磨尖，尖部及尖部两侧有崩疤。

　　※　　长2.25、宽1.55、厚0.15厘米

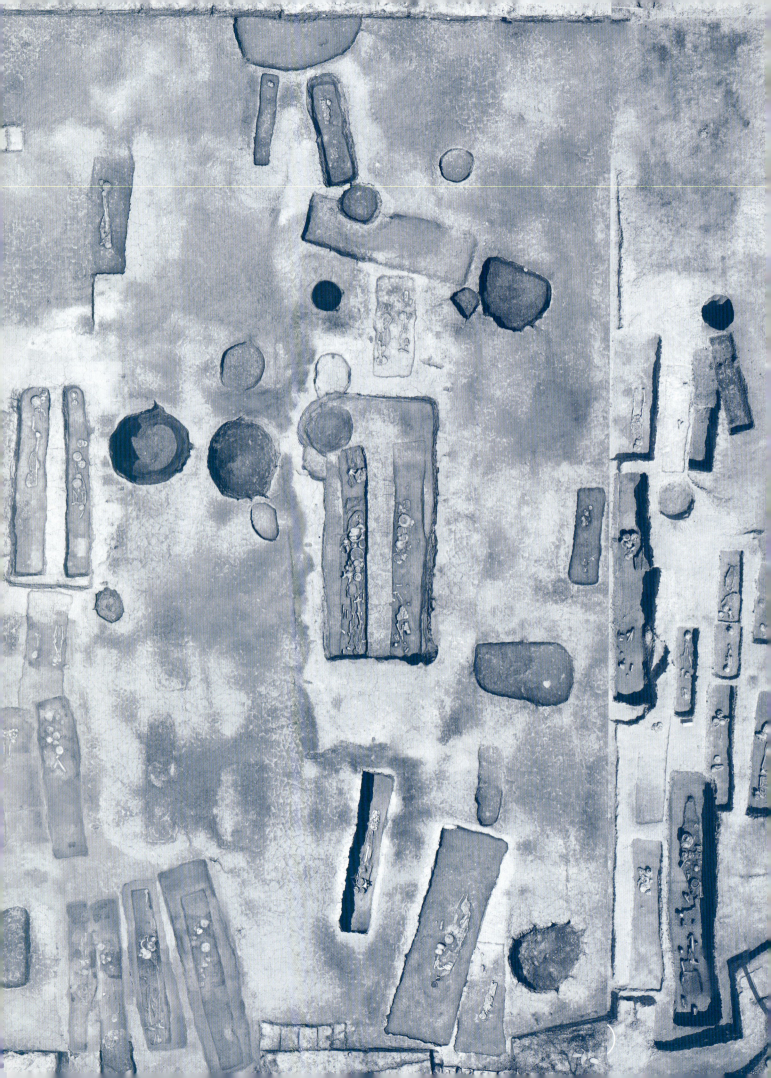

三

# 战国时期

（前 477~ 前 221 年）

　　春秋战国时期，群雄争霸，加速了各地域文化的进一步融合，也逐渐形成富有地域特色的文化特征，巴蜀文化就在此时融为一体。蜀文化历经几十年的考古探索，其文化面貌逐渐清晰起来，但巴文化的研究却并未取得重大进展，这是因为巴文化研究中还缺少极为重要的典型遗存，如城址、大型建筑、陵墓等。罗家坝遗址众多中大型墓葬的发掘，无疑对研究晚期巴国文化提供了重要材料，是反映晚期巴国文化最璀璨的明珠。

图 35　M33 全景　　　043

**图 36** M33 兵器放置情况

**图 37** M33 青铜礼器放置情况

图 38　M83 局部

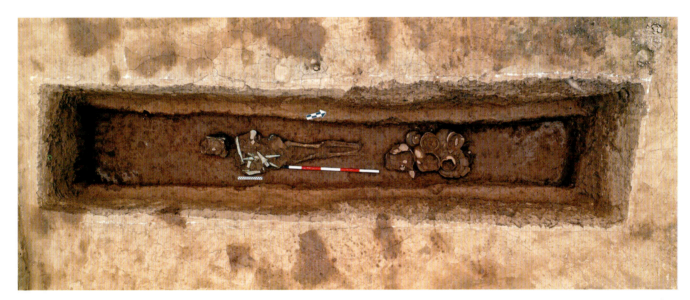

图 39　M99 全景

图40　M71 全景

图 41 M81 局部

战·国·时·期

# 陶器

※　夹细砂灰褐陶，尖唇，敞口。束颈，溜肩，鼓腹，平底。沿部有两道彩绘，两道彩绘中间有"∨"符号一周，肩部有两道凹弦纹，外施彩绘，两道弦纹中间有一周竖向"S"纹，腹部中间左右各有一组3个乳丁，乳丁外有一周彩绘。在左右两组乳丁中间有6个彩绘的花卉纹饰。

※　口径26、腹径23、底径12、通高20厘米

图 43

## 陶罐（M33：3）

※ 夹细砂灰褐陶，圆唇，盘口。束颈，溜肩，鼓腹，平底。口外部有两道彩绘，两道彩绘中间有"∨"符号一周，肩部有两道凹弦纹，外施彩绘，两道弦纹中间有一周竖向"S"纹，腹部中间左右各有一组3个乳丁，乳丁外有一周彩绘。在左右两组乳丁中间有6个彩绘的花卉纹饰。

※ 口径17.6、腹径25.2、底径13.2、通高20.6厘米

**图45** **陶罐**（M80：16）

※ 泥质黑陶，方唇，窄斜沿，侈口，束颈，弧肩，圆鼓腹，平底。肩颈之间戳印有四组对称的竖向圆圈纹，肩部饰一组横向的圆圈纹。

※ 口径12、底径12.6、通高22.6厘米

图 46**陶罐**（M95：10）

※　夹砂红褐陶，因烧造原因，局部呈黑色。圆唇，窄斜沿，侈口，高领，弧肩，鼓腹，平底。颈部饰一道凸弦纹，肩部贴有一圆饼形泥片。

※　口径10.6、底径9.2、通高11.4厘米

**图 47**　陶罐（M125：46）

❋　泥质灰褐陶，圆唇，窄斜沿，侈口，高领，广
　　肩，圆鼓腹，下腹斜直，平底。颈部饰有6道凹弦
　　纹，肩部饰有等距的乳丁纹。

❋　口径18、底径12、通高43.8厘米

图 48

**陶带盖钵**（M83-2：9）

※　由盖和钵两部分组成，盖为泥质灰陶，方唇，弧顶，顶上部为呈喇叭状的捉手。钵为圆唇，子母口，深腹，平底略内凹，底部另贴有一泥片，腹上部饰两道凹弦纹。

※　盖口径20.3、捉手径7.2、通高7.6厘米

※　钵口径18、底径9.5、通高11.5厘米

 图 49　　**陶带盖罐**（M121：13）

※　　由盖和罐两部分组成，盖为夹砂红褐陶，圆唇，侈口，弧顶，顶下部饰有一道凹弦纹。罐为夹砂红褐陶，圆唇，窄斜沿，侈口，束颈，广肩，鼓腹，平底。肩部饰有竖向绳纹。

※　　盖口径 17.1、通高 6.6 厘米

※　　罐口径 12.5、底径 7.1、通高 18.4 厘米

图 50　**陶缶**（M83-2：4）

※　泥质灰陶，子母口，矮领，弧肩，鼓腹，矮圈足，肩部饰对称的4个环耳。

※　口径19.8、腹径36.2、底径21.3、通高27.4厘米

图 51 **陶罐**（M30：11）

※　夹细砂红褐陶，圆唇，窄平沿，束颈，腹微鼓，平底内凹。颈部有戳刺的条状纹。肩部有两道凹弦纹，其下有一周 "S" 纹。腹下部有两道凹弦纹，其下及底部为戳刺纹。

※　口径13.2、底径6、通高11.6厘米

图 53   陶罐（M2：19）

※  夹砂灰褐陶，圆唇，敞口，束颈，溜肩，圆鼓
腹，圜底。肩部以下饰粗绳纹。

※  口径12.4、通高13厘米

图 54

**陶高领罐**（M19：8）

※　泥质褐陶，方唇，窄斜沿，侈口，高领，溜肩，鼓腹略垂，圜底，肩部以下饰交错绳纹。

※　口径14.6、腹径22.4、通高23厘米

图 55 **陶高领罐**（M17：4）

　※　夹砂黑褐陶，轮制，圆唇，敞口，高领，溜肩，
鼓腹，圜底，领以下施中绳纹。

　※　口径12.8、腹径15、通高15.6厘米

寻巴觅宝

宣汉罗家坝遗址出土文物选粹

**图 56**　**陶高领罐**（T7725 ⑤：1）

※　夹细砂灰褐陶，尖圆唇，肩部略折，圆鼓腹，
平底内凹，肩部以下饰绳纹。

※　口径15.2、腹径25.2、底径12.4、通高22
厘米

**图** 57 | **陶矮领罐**（M17：3）

※　泥质灰褐陶，尖唇，平沿，直口，矮领，溜肩，
鼓腹，腹微下垂，圜底，素面。

※　口径10.6、腹径21.4、通高18厘米

寻巴觅宝

宣汉罗家坝遗址出土文物选粹

图 59 | **陶壶**（M19：1）

※ 　夹砂红褐陶，圆唇，侈口，高领，溜肩，鼓腹，平底。

※ 　口径10.4、底径7、通高15厘米

**图** 60 **陶壶**（M93：17-1）

※　泥质灰褐陶，圆唇，侈口，高领，弧肩，鼓腹，平底。肩、颈处各饰两道凹弦纹。

※　口径10.2、底径7.6、通高12.8厘米

**图 61　陶高柄带盖豆**（M100: 19）

※　夹砂灰陶，由盖和豆两部分组成，盖为尖底盏，圆唇，直口，圆折腹较浅。内壁可见明显的泥条盘筑痕迹。豆为圆唇，侈口，浅盘，高柄，喇叭状圈足。

※　盖口径13.3、通高4.7厘米

※　豆口径13.6、圈足径8.8、通高15厘米

**图** 62    **陶中柄豆**（M96：11）

※    泥质灰陶，圆唇，直口，盘较深，中柄，喇叭
状圈足外撇。

※    口径14、圈足径11、通高9.6厘米

图 63

## 陶带盖豆（M115：14）

※ 由盖和豆两部分组成，盖为夹砂黑陶，方唇，侈口，弧顶，顶部做成一兽首。豆为泥质红褐陶，子母口，深腹，短柄，喇叭形圈足。

※ 盖口径12.2、高8.5厘米

※ 豆口径10.5、圈足径9.2、高10.6厘米

图 64　**陶豆**（M57：16）

※　夹细砂灰陶，深盘，尖圆唇，卷
沿，敛口，鼓肩，斜直腹，喇叭状圈
足。沿下有一周凹弦纹，腹中部有一刻
划的"X"纹饰。

※　口径13.2、底径7、通高8厘米

**图 65** **陶豆**（M17：1）

※　泥质灰陶，圆唇，卷沿，口部严重变形，直口
微敛，深盘，斜直腹，喇叭形圈足。素面。

※　口径 15.2、足径 7.2、通高 7.6 厘米

图 66 **陶碗**（M83-1：41）

※　夹砂红胎黑皮陶，窄平沿，敛口，深腹，喇叭状圈足残。口部向外伸出3个小短耳，而上刻划有"S"形纹，腹上部饰有6道凹弦纹。

※　口径19.1、残高8.3厘米

**图67** **陶钵**（M125：32）

※ 泥质灰褐陶，圆唇，敛口，深腹，平底，腹中部饰一道凹弦纹。

※ 口径17、底径10.5、通高11.2厘米

图 68　**陶尖底盏**（M33：206）

※　夹砂红胎黑衣陶，圆唇，直口，圆
折腹较深。腹部有两周凹弦纹。

※　口径12、通高4.4厘米

图 69　　**陶器盖**（M83-1：30）

※　夹砂黑陶，方唇，口微敛，直颈，弧顶，顶四周均匀分布4个环形纽。顶中部饰有一圆圈，圈内为云纹和点状纹，上端饰有一"王"字。

※　口径21.5、通高6.8厘米

图 70 ┆ **陶器盖**（M93：17-2）

※　泥质褐陶，盖顶一侧因烧造原因呈
黑色。方唇，直口弧顶，顶中部有一蛇
头形纽。

※　口径 15.6、通高 7.1 厘米

 图 71    **陶器盖**（M3：4）

※    泥质褐陶，方唇，唇上卷，平口，直壁，弧形拱顶，盖纽已残缺。盖面饰平行弦纹 5 周，顶面内外亦刻有弦纹 2 周，弦纹上又饰以压印的 "OC" 纹，上下刻划的弦纹间，亦用 "OC" 形压印纹三组两行加以装饰。

※    盖径 16.4、高 4 厘米

图 72 **陶器盖**（M62：9）

※ 夹细砂黑褐陶，饼形纽，纽部隆起。

※ 口径14.8、饼径5、通高4厘米

**图** 73 | **陶釜**（M6：2）

※　夹细砂褐陶，方唇，直口，鼓腹，圜底。釜下
部及底遍饰粗绳纹。

※　口径12.2，通高5.6厘米

**图** 74 | **陶釜**（M33：145）

※　夹砂红胎黑皮陶，圆唇，斜沿，束颈，腹微鼓，
圜底。肩部以下饰粗绳纹。

※　口径17、通高7厘米

图 76

**陶釜甑**（M46：28）

※　夹细砂红褐陶，圆唇，侈口，鼓腹，甑口径腹径大致相等，圜底，肩部以下饰绳纹。

※　口径17.2、通高28.5厘米

**图 77** 　**陶釜甑**（M30：9）

※　夹细砂灰陶，甑部方唇内凹，圆鼓腹，釜腹略垂，圜底，甑部及釜肩部以下遍饰粗绳纹。

※　口径 26、通高 41 厘米

 图 78 　 **陶鍪**（M96：14）

　　※　泥质灰陶，圆唇，侈口，束颈，鼓
腹，圜底，肩颈之间有一辫索纹环耳。

　　※　口径10.6、通高12.7厘米

图 79

**陶鼎**（M30：10）

※　夹细砂灰褐陶，釜形鼎，尖唇，窄沿，溜肩，圆鼓腹，圜底，下置三柱状矮足，下端外翻卷，素面。

※　口径14、腹径15.2、足高2.4、通高10厘米

战·国·时·期

# 铜 器

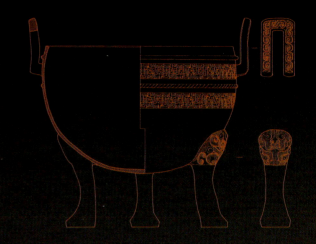

图80　**铜鼎**（M33：197）

※　方唇，口微敛，弧腹较深，腹下有三兽形足，口下部附有两桥形双立耳。耳部饰有龙纹，腹部铸有两道凸弦纹，两道凸弦纹中间铸刻有夔龙纹。

※　口径26、通高28.6厘米

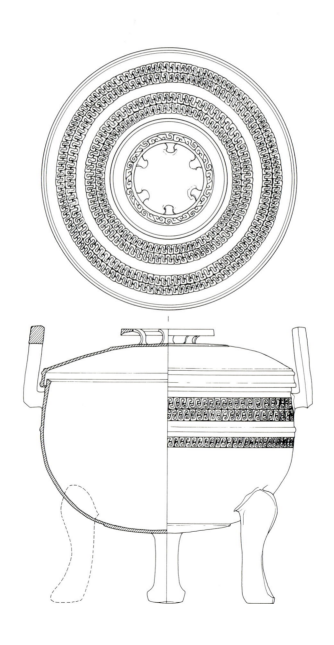

图 81

**铜鼎**（M80：4）

※　盖顶面弧形，顶部有喇叭状捉手，捉手内饰一
周三角云纹，盖面两周凸棱，内饰两周双层云纹。
鼎身方唇，子母口微敛，球形深腹，圜底，三蹄形
足，长方形立耳内收，鼎上腹有两周凸棱，上层饰
双层云纹，下层饰单层云纹。

※　口径22、通高23.8厘米

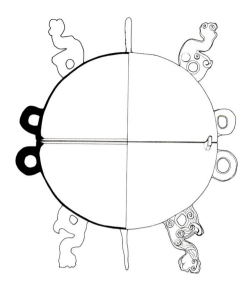

### 图82 | 铜敦（M2：1）

※　由盖、身上下扣合而成，器身与器盖相同。器身呈椭圆形，下接3个兽形足纽，口沿下有两个对称的环形纽。盖的口沿处有3个兽形卡边。

※　口径18、通高24.7厘米

图 83

铜敦（M33：50）

※　由盖、身上下扣合而成，器身与器盖相同。器身呈
椭圆形，下接3个兽形足纽，口沿下有两个对称的环形
纽。盖的口沿处有3个兽形卡边。

※　口径19、通高20.5厘米

图 84

**铜敦**（M33：125）

※　由盖、身上下扣合而成，器身与器盖相同。器身呈椭圆形，下接 3 个兽形足纽，口沿下有两个对称的环形纽。盖的口沿处有 3 个兽形卡边。

※　口径 19.5、通高 20.5 厘米

寻巴觅宝

宣汉罗家坝遗址出土文物选粹

图 85 **铜尊缶**（M33：198）

※ 由盖和器身两部分组成，器身为子口内敛，长
颈内束，鼓肩，弧腹，圈足，肩部有4个对称的环
形耳。盖隆起，盖面有4个对称的环形耳。

※ 口径14.8、底径15、通高32厘米

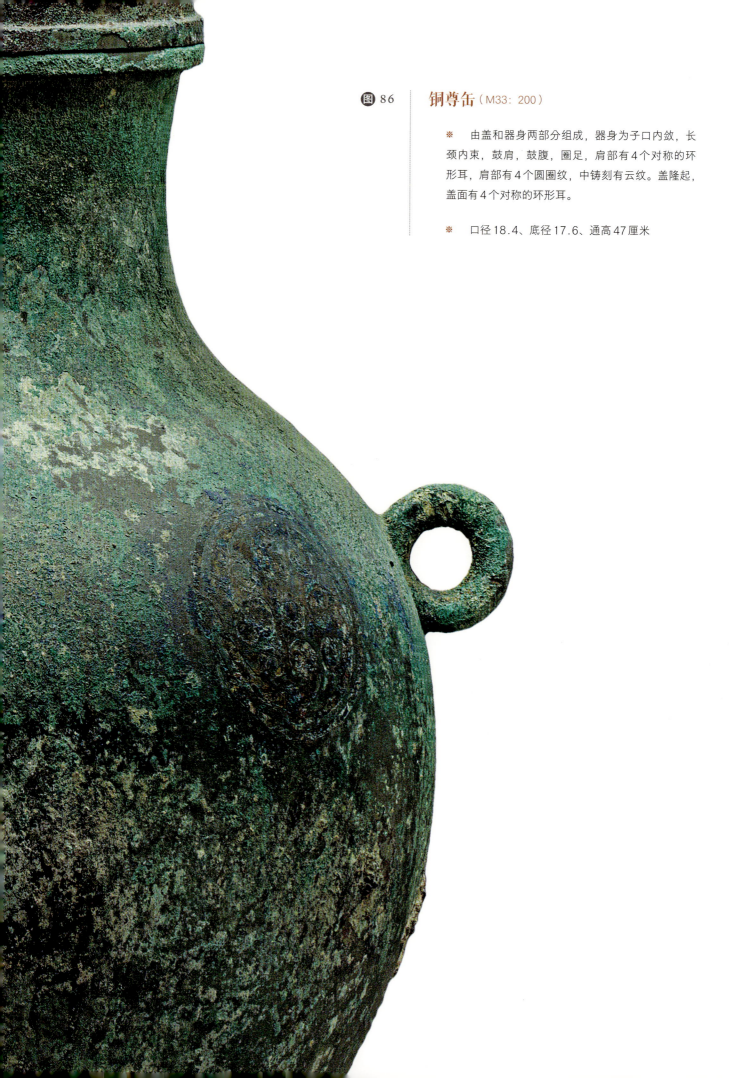

**图 86**    **铜尊缶**（M33：200）

※ 由盖和器身两部分组成，器身为子口内敛，长
颈内束，鼓肩，鼓腹，圈足，肩部有4个对称的环
形耳，肩部有4个圆圈纹，中铸刻有云纹。盖隆起，
盖面有4个对称的环形耳。

※ 口径18.4、底径17.6、通高47厘米

图 87

铜簋（M33：19）

※　器身和器盖等大同形。长方口，腹上部直壁下折斜收至平底，呈斗口状，平底下附4只对称的蹼形足。腹部上端各饰一竖环耳。盖与器身不同之处在于，盖纽的内沿稍长，盖口有6个小牙（两长边各两个，短边各一个），使盖、器扣合紧密。全身饰繁缛的勾连云纹。

※　器口长30.4、宽22.8、通高21.5厘米

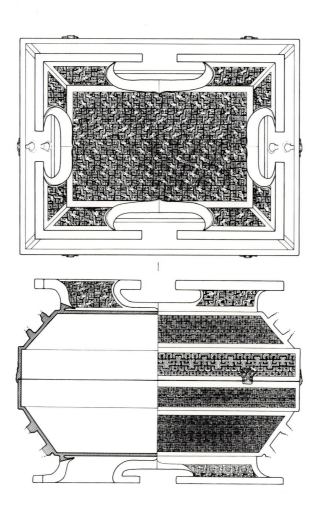

图 88

## 铜浴缶（M33：201）

※ 圆形盖，平顶，顶中部内凹，中央有四夔龙绕成的圆形捉手。厚方唇，矮直颈，广肩，圆鼓腹，下腹内收，底内凹，矮圈足。肩腹部有两个对称的兽首耳衔。圆形捉手饰蟠虺纹，盖面内凹部分由内向外饰凹漩纹、两周绚索纹、三角形纹和蟠虺纹。盖缘一周有6个大小相同，距离相等的椭圆形圆柄状凸纽，凸纽内凹，四周及凸纽间饰蟠螭纹，盖口沿有一周宽凸楞。腹中部一周有八个大小相同，距离相等的椭圆形圆柄状凸纽，圆柄中央饰圆圈纹，纽面及纽间饰蟠螭纹，肩部及下腹各饰蟠螭纹一周。兽首耳由浮雕的夔龙组成双角，双眉弯曲，两眼圆睁，口鼻突出，显得威猛而自然。

※ 口径23、底径22、通高25.6厘米

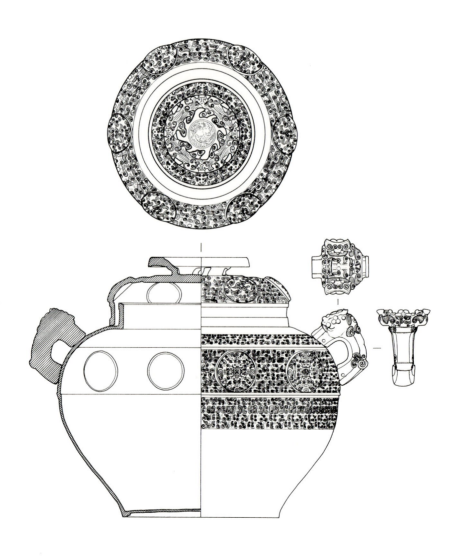

图 89

**铜甗**（M33：199）

※　为甑、鬲分体甗，甑部为方唇，平沿，口微侈，弧腹，底部有箅，口沿下有两桥形外撇耳。箅部为长方形穿孔。甑口沿下部及腹部饰有繁缛的夔龙纹。鬲肩部有两环形耳。

※　口径32、通高43.2厘米

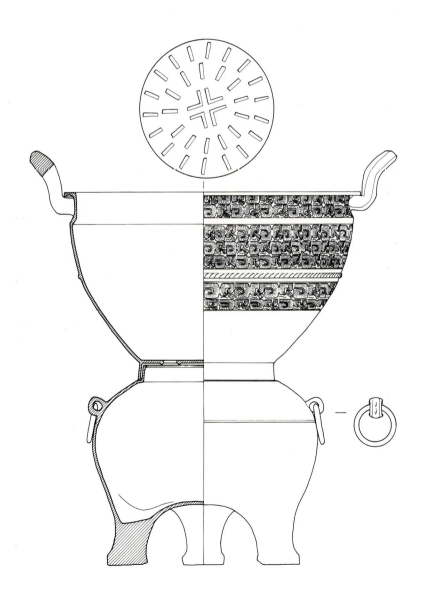

图 90

## 狩猎纹铜壶（M2：2）

※　方唇，敞口，长颈，溜肩，鼓腹略垂，圈足。肩部有两副兽衔耳。口下部饰有卷云纹，颈部有四组垂叶纹，垂叶纹中饰有兽纹。腹部上下各有四组纹饰，中间用花卉纹隔开，每组图案又用菱形纹隔开，腹上部铸刻有奔兽和鹿图案，下部铸刻有奔兽、鹿和狩猎纹。

※　口径5、腹径20.4、底径10.4、通高33厘米

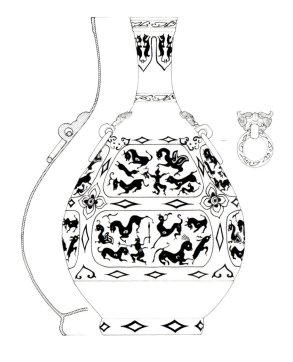

图 91

## 水陆攻战纹铜豆（M33：18）

※ 由盖和豆两部分组成，盖为直口微侈，孤腹，圆形捉手。豆为子母口，孤腹，喇叭形圈足，圈足下端内折，其上布满了用铅类矿物质错成的图案。盖面圆形捉手上有一圈兽纹。盖及其豆本身的图像可分为四层，即狩猎图、宴乐弋射图、水陆攻战图、采桑狩猎图。

※ 口径18.4、底径10.4、通高20.4厘米

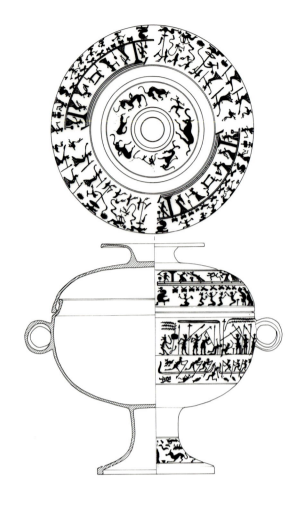

图 92

**铜高柄豆**（M33：26）

※　子母口，直口微敛，深腹，高柄，喇叭口圈足。腹上部铸刻有6条兽，下为云纹。柄上部铸刻有垂叶纹，下部铸刻有两周三角形纹，下有一周云纹，其下为"S"形纹。

※　口径14.2、圈足径11.8、通高34.6厘米

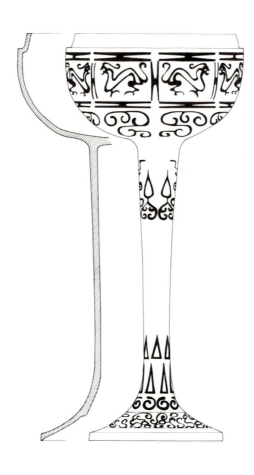

**图 94** **铜尖底盒**（M33：203）

※　敛口，平沿，弧腹较坦，尖底。盖为尖顶，弧背，像一倒置的尖底盏。盖上部饰"回"字形纹。器身腹部饰垂叶纹和"S"形纹。

※　口径11.6、通高9.7厘米

**图 95** **铜镂空器座**（M33：12）

※　上部残，器座为圆形，全器中空，中部镂饰浮雕的龙纹，另外在柄的下部还饰有绚纹。

※　底径11.9、柄径3.8、残高6.7厘米

图 96　铜匜（M33：128）

※　素面，器身略呈椭圆形，弧腹，平底，一端有长方形流，另一端有环状纽。

※　口径10.6~13.6、底径5~7.7、通高5、流长2.5、流宽3.8厘米

图 97　铜勺（M83-1：4）

※　勺身椭圆形，长条形柄部弧拱，近勺身处有一小孔。

※　勺宽4.4、柄长6.5、通长10厘米

图98 铜匕（M33：121）

※ 匕身为椭圆形，长条形柄部弧拱、扁平、柄端略宽。柄端正面饰兽面纹。匕身饰繁缛的勾连云纹。

※ 身长6.2、身宽4.5、柄长16.8、柄宽1.4~3.4、通长23厘米

图 99

**铜戈**（M33：103）

※  援部较窄，呈等腰三角形。近援本处有一圆穿，援本有两长方形穿，在援本处铸刻有抽象的长喙的动物纹饰，援上两面铸刻有纹饰，两面纹饰相同。长方形内，内上有一圆穿。内上部铸刻有长方形纹饰，并填有小的圆圈。

※  通长26.2、援长19.2、内长7、内宽3.8厘米

图 100    **铜戈**（M33：97）

※　援部较窄，呈等腰三角形。近援本处有一圆穿，援本有两长方形穿，援上两面铸刻有纹饰，两面纹饰相同。在援本处铸刻有抽象的长喙的动物纹饰。长方形内，内上有一圆穿。内上部铸刻有长方形纹饰，并填有小的圆圈。

※　通长26.1、援长19.1、内长7、内宽3.8厘米

 101　　**铜戈**（M33：116）

※　　无胡，无阑，援略呈等腰三角形。近援本处有
一圆穿，援本有两长方形穿，援上两面铸刻有纹饰，
两面纹饰相同。其中在援本处铸刻有兽面纹，其上
为三角形纹。山字形内，内上有一不规则三角形穿。
其内填有回形纹，内上部亦铸刻有纹饰。

※　　援长17、内长8、内宽5、通长25厘米

图 102　铜戈（M33：158）

※　无胡，无阑，援略呈等腰三角形。近援本处有一圆穿，援本有两长方形穿，援上两面铸刻有纹饰，两面纹饰相同。其中在援本处铸刻有兽面纹，其上为云纹。山字形内，内上有一不规则三角形穿，内上部亦铸刻有纹饰。

※　援长16.3、内长8、内宽5.4、通长24.3厘米

内上有一圆穿。器表可见编织物包裹的痕迹。

图 103 铜戈（M33：102）

※　无胡，无阑，援略呈等腰三角形。近援本处有
一圆穿（或方形穿），援本有两长方形穿，近援本处
的圆穿处周围可见浮雕的俯视的虎头纹。长方形内，
内上有一圆穿。器表可见编织物包裹的痕迹。

※　援长14、内长7、内宽5、残长21厘米

图 104　铜戈（M33：108）

※　无胡，无阑，援略呈等腰三角形。近援本处有
一圆穿（或方形穿），援本有两长方形穿。长方形
内，菱形内穿。

※　援长17、内长7.5、内宽5.5、通长24.5厘米

图 105

# 铜戈（M33：112）

※ 长直援，双短胡，锋呈弧状三角形。援本有一圆穿，上下胡各有一长方形穿。长方形内，内上有一菱形穿。

※ 援长16、内长6、内宽4、通长22厘米

※ 长直援，双短胡，锋呈弧状三角形。援本有一
圆穿，援上可见包裹的痕迹。上下胡各有一长方形
穿。长方形内，内上有一菱形穿。

※ 援长16、内长6、内宽4、通长22厘米

图 106 　 铜戈（M33：114）

**图 107** **铜戈**（M46：10）

※　长直援，双短胡。下胡长于上胡，锋呈弧状三角形，上下胡各有一长方形穿。长方形内，内上两面铸刻有对称的云纹。

※　援长13.1、内长6.2、内宽4.9、通长19.3厘米

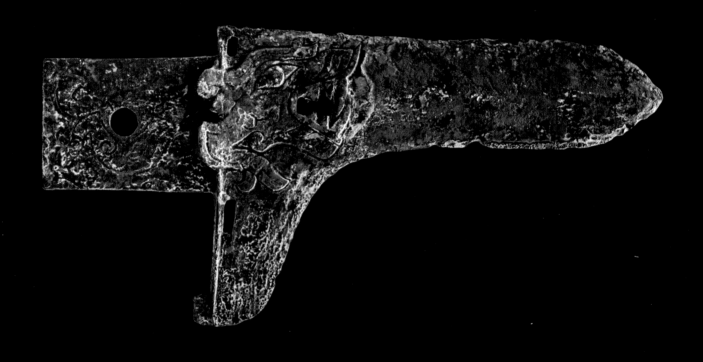

图 108 铜戈（M31：18）

※　直援，中起脊，中胡，有阑。胡末端向后凸出
一牙。援本有两长方形穿。长方形内，上有一圆穿。
援本和内部饰有浮雕虎纹。

※　援长16.7、内长6.5、内宽4.8、通长23.2
厘米

图 109

**铜戈**（M33：100）

※ 直援，中起脊，中胡，有阑。援本有三长方形穿，援本饰有虎纹。长方形内，上有一圆穿。

※ 援长19.2、内长7、内宽4.8、通长26.2厘米

图 110

## 铜戈（M33：101）

※ 直援，中起脊，中胡，有阑。援本有三长方形穿，援本饰有浮雕虎头纹。长方形内，上有一圆穿，内上铸刻有巴蜀符号。

※ 援长16.5、内长8、内宽4、通长24.5厘米

**图 111** **铜戈**（M61-1：8）

※ 长援，隆脊，中胡，有阑。阑侧有三长方形穿。长方形内，内上一圆穿。援本饰有浮雕虎头纹。

※ 援长19.1、内长7.5、内宽4.5、通长26.6厘米

**图 112**　**铜戈**（M2: 5）

※　中长胡，援较长，隆脊，有阑。阑下出齿，阑
侧四穿。长方形内，内上一穿。援上刃内弧，援本
有一浮雕的虎纹。

※　援长 18.5、内长 8、内宽 4、通长 26.5 厘米

图 113  **铜戈**（M33：115）

※　直援，中起脊，中胡，有阑。援本有三长方形穿。长方形内，上有一长方形穿。胡末端向前凸出一牙。

※　援长20、内长7、内宽4、通长26厘米

图 115　铜戈（M61-1：2）

※　援较长，隆脊，长胡，有阑。阑下出齿，阑侧
四长方形穿。长方形内，内上一长方形穿。

※　援长12.6、内长8.4、内宽3.5、通长21厘米

图 116

**铜戈**（M62：1）

※　中长胡，援较长，隆脊，有阑。阑下出齿，阑侧三穿。长方形内，内上一长方形穿，内上铸刻有长方形和圆圈纹。

※　援长16.5、内长8、内宽3.7、通长24.5厘米

图 117

## 铜剑鞘及剑（M33：150）

※　袋状，侧附双耳，中以凹槽分为两个剑室以容双剑。双耳饰有虎纹，面饰较为抽象的虎纹。出土时两把铜剑在鞘内。铜剑处于剑鞘内，剑身呈狭长条形，较宽，扁平，细窄，无脊，两刃平直，身柄分界较明显。茎部有两圆穿，近茎处饰蝉纹。

※　剑 M33：150—1 茎长 4.8、茎宽 1.8、剑宽 3.2、通长 27.4 厘米

※　鞘长 25、宽 5.6~13.5 厘米

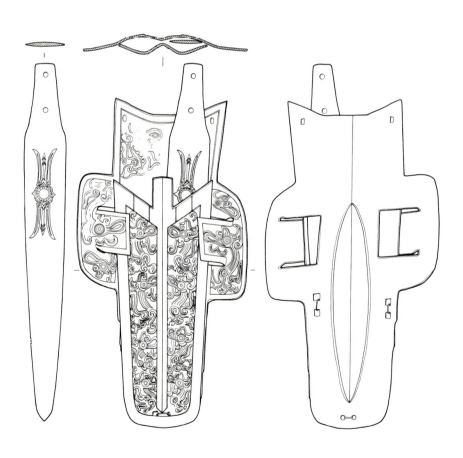

图 118 **铜剑**（M17：7）

※　器身较长，身与柄分界明显。器身铸有虎斑纹，器身下端两面均铸刻有纹饰，一面为手心花蒂纹，另一面为虎纹和巴蜀符号。

※　茎长9.8、茎宽1.8~4.8、剑宽1~4.8、通长39.2厘米

**图** 119 | **铜剑**（M31：12）

※ 呈狭长方形，隆脊，两从有血槽。器身铸刻有虎斑纹，器身下端两面铸刻有纹饰，一面为虎纹和巴蜀符号，另一面为花卉、网和人物等纹饰。

※ 茎长6.6、茎宽1.3~2.6、剑宽3.6、通长38.4厘米

寻巴觅宝

宣汉罗家坝遗址出土文物选粹

图 120

**铜剑**（M51：1）

※　体呈柳叶形，短茎，茎两端各有一个穿孔，剑体较宽，隆脊。剑身下部带有纹饰：一侧为"手心""花蒂"纹，另一侧上端为虎纹，中间为两个上下相对的三角纹与波浪纹，下端为左右相对的纹。

※　茎长5.5、茎宽1.6、剑宽3.9、通长33.2厘米

图 121

## 铜剑（M40：2）

※　　体呈柳叶形，短茎。茎两端各有一圆形穿孔，其中近端处居中，近剑身者偏于脊的一侧。剑身下部两面饰纹饰，一侧为三角形纹、人（下部为手心）合围一"花蒂"；另一侧为披头散发的人形，其左右两侧各有一"L"纹相对，其下为"鱼""网"和"花蒂"纹。

※　　茎长6.5、茎宽1.3~3.4、孔径0.6、剑宽3.4、通长34.4厘米

图 122　　**铜剑**（M63：2）

※　　体呈柳叶形，扁茎，茎上有两不对称圆穿，器身较宽，隆脊。剑身下端一面均铸刻有虎纹、云纹和巴蜀符号。

※　　茎长7、茎宽1.8、剑宽3、通长36厘米

**图** 123 | **铜矛**（M2：4）

※　长骹，窄叶，双弓形耳附在骹下端。圆形骹口。骹上铸刻有纹饰。

※　骹长10、骹径2.2、叶宽2.4、通长21厘米

图 124　　**铜矛**（M33：92）

※　　长骸，窄叶，圆形骸口，双弓形耳附于骸端，双弓形耳下部在骸部缠绕成一圈，骹中间有一圆圈纹，骹下端饰有"S"形纹。

※　　骹长13、骹径2.4、叶宽2.8、通长25.6厘米

**图 125** **铜矛**（M54：6）

※ 长骹，长窄叶，双弓形耳，双耳下部在骹部
相互缠绕。骹部两面铸刻有圆圈纹。

※ 骹长10.8、骹径2.3、叶宽2.8、通长
23.4厘米

图 126　铜矛（M62：16）

　　※　长骹，窄叶，双弓形耳附于骹中部，圆形骹口，骹部铸刻有长喙鸟纹饰，骹下端饰有一周云雷纹。

　　※　骹长10.2、骹径2.6、叶宽2.8、通长21.6厘米

部两面饰有夔龙纹，下为卧虎纹，骹下部有一周云雷纹。

骹长9.5、骹径2.4、叶宽3、通长21.8厘米

图 127　铜矛（M64：8）

※　长骹宽叶，骹口呈圆形，椭圆形双附耳。骹部两面饰有夔龙纹，下为卧虎纹，骹下部有一周云雷纹。

※　骹长9.5、骹径2.4、叶宽3、通长21.8厘米

图 128　铜矛（M33：93）

⁂　短骹，叶较宽，竹节状双弓形耳附于骹部。骹部两面均铸刻有纹饰，两面纹饰相同，均为鸟和五角星纹。

⁂　骹长5、骹径2.5、叶宽3、通长30.5厘米

图 129　铜矛（M2：3）

※　　短骹，直折刃，整个矛叶呈菱形。弧形耳附在
叶的下端。

※　　骹长6、骹径2.8、叶宽4.4、通长20.8厘米

图 130

## 铜矛（M5：19）

※　短骹，宽叶，双弓形耳附于叶的下端。骹上两面均铸刻有纹饰，两面纹饰相同，均为手心花蒂和与汉字较为接近的巴蜀符号。

※　骹长6、骹径2、叶宽4、通长22.5厘米

**图** 131　　**铜矛**（M30：20）

　　※　短骹，宽叶，叶部和骹口部略残，双弓形耳，一面刻有巴蜀符号或纹饰，其中下部铸刻有手心花蒂，上部铸刻有疑似汉字的纹饰。

　　※　骹长7、骹径2.4、叶宽4、通长27.4厘米

图 132 **铜矛**（M40∶1）

※　短骹，弧刃，骹部两侧有两弓形耳。骹上一侧
饰 "花蒂" "手心" 纹，另一侧素面。

※　骹长5.4、骹径2.4、叶宽3.4、通长19.8厘米

**图 133** | **铜矛**（M61-2：2）

※　短骹，宽叶，骹部两弓形耳。骹部两面均铸刻
有纹饰，为鸟、云纹、太阳、手心、花蒂，骹底部
有一周云雷纹。

※　骹长5.8、骹径2.8、叶宽4、通长22.6厘米

图 134 **铜矛**（M46：18）

※ 形体较小，骹部极短，脚部有两弧形耳，宽叶。

※ 骹长3.3、骹径2、叶宽4.2、通长10.5厘米

 135　　**铜钺**（M33：68）

※　直腰，弧刃，折肩，椭圆形銎。

※　銎口长径4.6、銎短径3.9、刃宽6.5、体长14.6厘米

**图 136　铜钺**（M44：30）

　※　平面呈扇形，椭圆形銎（内有木柄痕迹），无肩，直腰，不对称弧刃，銎外饰两道凸弦纹。

　※　銎长径4.1、銎短径1.9、銎深6、宽4.1、体长7.2、刃宽5.5厘米

图 137　**铜钺**（M40：6）

※　平面呈扇形，椭圆形銎（内有木柄痕迹），折
肩，弧刃，銎外饰两道凸弦纹。

※　銎长径3.7、銎短径3、刃宽5.5、体长10.2厘米

**图 138** **铜钺**（M65-1：7）

　　※　　椭圆形銎口，折肩，束腰，舌形刃。器身一面
铸刻有巴蜀符号。

　　※　　銎口长4.9、宽4.5、刃宽7.5、通长16.5厘米

**图**139 **铜钺**（M46：24）

※ 椭圆形銎口，折肩，束腰，舌形刃。

※ 銎口长2.8、宽2.1、刃宽5.8、通长8.1厘米

寻巴觅宝

宣汉罗家坝遗址出土文物选粹

**图**140 **铜钺**（M62：17）

※ 椭圆形銎口，折肩，束腰，舌形刃。

※ 銎口长3.2、宽2.6、刃宽5.6、通长10厘米

图 141

**铜钺**（M55：2）

※　折肩，束腰，舌形刃。

※　銎口长径3.6、短径2.7、腰宽4.2、刃宽
6.5、通长11.4厘米

图 142　**铜斧**（M40：7）

※　平面呈扇形，椭圆形銎（内有木柄痕迹），无肩，弧刃，銎外饰两道凸弦纹。

※　宽4.4~6.8、銎长径4.2、銎短径2.4、銎深2、体长9.8厘米

图 143　**铜斧**（M54：5）

　　※　椭圆形銎口，无肩，束腰，弧刃，銎口外有一
道凸棱。

　　※　銎口长径4.6、短径2.8、腰宽5.2、刃宽
6.8、通长10.4厘米

图 144 **铜斧**（M38：1）

※　束腰，椭圆形銎口，圆弧刃。銎口处有一周凸
棱，下有三角形符号。

※　銎口径3.8、宽1.9、刃宽6、通长9.6厘米

图 145 　铜斧（M35：2）

※ 　长方形銎，无肩，无腰，弧刃，銎部有两道凸棱。

※ 　銎口长4.8、銎口宽3、刃宽6.6、通长8.8厘米

 146 铜斤（M44：29）

※ 銎与身分界明显，长方形銎（内有木柄朽痕），
銎口出沿，喇叭形身，宽弧刃，刃尖外撇。

※ 銎口长3.5、銎口宽2.9、身宽2.5、刃宽5.5、
通长15.3厘米

图 147 | **铜斤**（M83-1：8）

※ 长方形銎，銎口出沿,銎与身分界明显，喇叭形身，宽弧刃，刃尖微外撇。

※ 銎口宽3.4、銎口宽2.6、刃宽6.2、通长16.4厘米

图 148　**铜斤**（M83-1：1）

※　长方形銎口，近长方形器身，腰微内弧，弧刃。
器身双面皆有图形符号，一面为虎纹，另一面纹饰
已模糊。

※　刃宽4.4、銎口长3.8、銎口宽2.2、通长11.8
厘米

图 149　　**铜斤**（M65-1：5）

※　　长方形銎口，近长方形器身，弧形刃。刃尖外撇。

※　　銎口长3.6、銎口宽2.7、刃宽4.2、通长10.7
厘米

图 150　　**铜刀**（M33：28）

　　※　近方形圜首，直柄，曲背，凸刃，刃尖外撇。

　　※　圜首长4、圜首宽3厘米，柄长10、柄宽1厘米，
刃宽3.6、通长39.6厘米

**图** 151 　**铜刀**（M3：3）

　　※　直背，直刃，圜首。

　　※　圜首长径3.2、圜首短径2.5、柄长5.5、柄
宽0.5、刃宽1.3、通长16厘米

**图** 152 　**铜刀**（M40：3）

　　※　椭圆形环首，长直柄，直刃，柄与刃部的剖
面呈楔形，素面。

　　※　刃宽1~1.7、通长22厘米

图 153 **铜刀**（M119: 4）

※ 斜孔式圜首，直柄，弧背，凸刃，刃尖上翘。
柄部双面均阴刻巴蜀符号。

※ 长12.5厘米

图 154　铜刀（M33：74）

※　直柄，直刃，刃尖外撇。

※　柄长 10、柄宽 0.9、通长 30.1 厘米

**图** 155    **铜刀**（M23：3）

    ※     直柄，直背。柄下端有一圆穿。

    ※     柄长4.8、柄宽0.5、刃长8、刃宽1、通长12.8
厘米

**图** 156    **铜刀**（M65-1：4）

    ※     椭圆形圜首，短直柄，直背，直刃。

    ※     圜首长径3、圜首短径1.8、柄长4.2、柄宽0.7、
刃宽1.3，通长16.4厘米

图 157　　**铜刻刀**（M46：6）

　　※　圭形体，锋部呈等腰三角形，背部微隆起脊，
后部内凹，剖面略呈弧形。

　　※　长15.5、宽2.4、厚0.3厘米

图 158 **铜刻刀**（M54：4）

  ※　柳叶形体，锋部较长，锋与身转折较缓，背部
隆起3道凸棱，腹部内凹。

  ※　长16.5、宽2.2厘米

图 159 **铜凿**（M2：13）

※ 銎口呈八棱形，身上部弯曲，双面弧刃。

※ 銎口径0.8、刃宽0.5、通长11厘米

图 160 **铜凿**（M44：22）

※ 镂空铃形首，凿体短而厚实，圆柱形长颈，身部为方体，弧刃。

※ 通长12.6厘米

图 161 　**铜凿**（M61-1：1）

　※　圆形銎，身呈八棱形，弧刃。

　※　銎口径2.3、通长14厘米

162 | **铜锥**（M33：58）

※　长条形，弧刃。

※　长10、宽0.4厘米

 163 | **铜锥**（M61-1：6）

※　体呈长方形，双面弧刃。

※　长9、宽0.5厘米

图 164    铜锥（M33：179）

※    圆形銎口，锥形。

※    銎口直径1.1、通长6.2厘米

图 165 铜釜甑（M81：14）

※　上甑下釜连铸。甑口方唇，折沿，溜肩，鼓腹，腹两侧有竖环耳。釜腹扁圆，圜底。甑内下腹壁有一小环，连接铜箅，箅孔呈放射状。

※　口径10.2、通高10厘米

寻巴觅宝

宣汉罗家坝遗址出土文物选粹

图 166

**铜釜甑**（M44：48）

※　釜甑分体，甑部残，仅存底部。底凸起如圈足，甑底设有呈放射状箅。釜口微子母口，尖唇，高领，广肩，鼓腹，平底；肩部有两对称的辫索纹圜耳；底部有较厚的烟炱。

※　底径13.6、残高21.4厘米

**图 167** **铜釜甑**（M53：1）

※ 釜甑分体。甑部为圆唇，斜沿，侈口，束颈，鼓腹，底凸起如圈足，体上大下小，置于釜上，肩部有两对称的辫索纹圆耳，甑底有放射状长条形孔箅。釜部残。

※ 甑口径17.2、腹径17.6、底径9.6、高12厘米

图 170

铜鍪（M33：22）

※　尖圆唇，敞口，束颈，溜肩，圆鼓腹微垂，圆底，在肩部有一辫索纹竖环耳。

※　口径10.3、通高15.2厘米

图 171　铜鍪（M57：20）

※　尖唇，敞口，领较高，溜肩，圆鼓腹，圜底，
肩上部有一辫索纹圆耳。

※　口径12.4、腹径18.4、通高16.8厘米

图 172

**铜鍪**（M63：6）

※　圆唇，敞口，束颈，溜肩，圆鼓腹，圜底，颈部饰有一辫索纹环耳。

※　口径12.8、腹径18、通高16.2厘米

**图 173**　　**铜鍪**（M50：17）

　　※　　合范铸成。敞口，束颈，溜肩，圆鼓腹，圜底。
颈部有一辫索纹立耳。

　　※　　口径11.4、通高14.4厘米

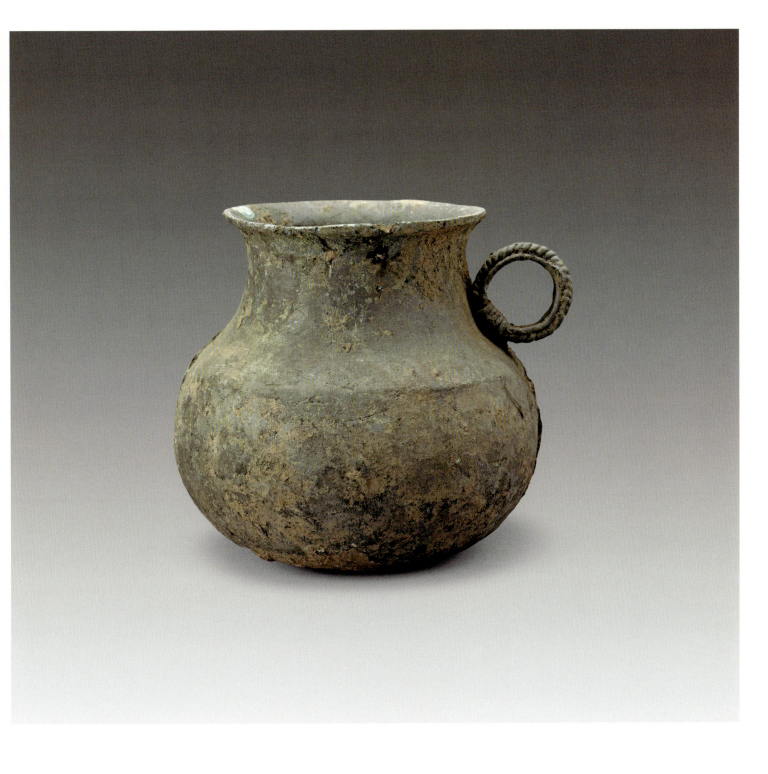

图 174　　**铜鍪**（M56：6）

　　※　　尖唇，侈口，长颈微束，球形腹，圜底。在肩
颈之间有一辫索纹半环形耳。素面。

　　※　　口径 9.6、腹径 13.4、残高 12.4 厘米

※　圆唇，敞口，束颈，溜肩，鼓腹，圜底，颈部
有一辫索纹竖环耳。

※　口径13、腹径18、通高15.2厘米

<figure>图 176</figure> **铜链**（M31：32）

※ 系用铜丝盘卷成小铜环，铜环与铜环相互扣合而成。

※ 铜环直径0.8、残长12厘米

<figure>图 177</figure> **铜手镯**（M37 出土）

※ 圆形，内壁光滑，外以横向中央凸棱为界，上下各有一周戳印纹。

※ 内径5.8、外径6.5、宽0.4厘米

图 178     **铜璜**（M31：13）

　❋　体呈弧形，两面铸刻有浅浮雕虎，虎头朝外。

　❋　长6.5、宽1.2厘米

图 179     **铜璜**（M57：12、13）

　❋　大小形制相似，拱部较宽，足外端上翘，圆穿。

　❋　长9.2、宽2.2厘米

**图** 180 　**铜铃**（M48：6）

　　※　体呈钟形，平顶，弓形环耳。

　　※　口径2、通高3.2厘米

**图** 181 　**方形饰件**（M48：9）

　　※　体呈方形，上有一纽，纽上铸刻有"S"形纹，器身铸刻有一奔兽，四周填以"S"纹。

　　※　长2.7、宽2.5厘米

**图** 182 　**铜带钩**（M54：3）

　　※　龙首，整体细长，长颈，窄腹。

　　※　宽0.8、长13.4厘米

图 183 **铜印章**（F1：39）

　　※　　长方形，纽残缺。

　　※　　长1.8、宽1、残高0.8厘米

图 184 **铜印章**（M10：1）

　　※　　圆形，周边有残缺。桥形纽，阴文。印面由花蒂、山、甬钟等巴蜀符号构成。

　　※　　直径2、通高0.7厘米

图 185 **铜印章**（M21：1）

　　※　　圆形，桥形纽，阴文。印面由花蒂、王、月亮形纹等巴蜀符号构成。

　　※　　直径2.4、通高1厘米

**图** 186 | **铜印章**（M24：5）

※ 圆形，桥形纽，阳文。印面由花蒂、山、"王"等巴蜀符号构成。

※ 直径3.8、通高1厘米

**图** 187 | **铜印章**（M24：6）

※ 圆形，桥形纽，阳文。印面由云纹等巴蜀符号构成。

※ 直径3.2、通高1厘米

**图** 188 | **铜印章**（M24：7）

※ 正方形，桥形纽，阳文。印面由人物、手心和星等巴蜀符号构成。

※ 边长2.8、通高1厘米

图 189 **铜印章**（M25：11）

※　圆形，桥形纽，阳文。印面由星、月、山等巴蜀符号构成。

※　直径3.6、通高0.8厘米

图 190 **铜印章**（M57：4）

※　方形印，桥形纽，印面为一组巴蜀符号。

※　边长2.6、通高1厘米

图 191 **铜印章**（M51：3）

※　圆形。正面图文为可分为上下两个部分，上面为两个"王"字中间夹一铎；下面线条呈反向缠绕状，形似卷云纹。背面有一桥形纽座。边缘残，锈蚀较严重。

※　直径2.3、通高0.8厘米

图 192 **铜印章**（M124：3）

❋ 圆形，桥形纽，阴文。印面由星、
月、山等诸多巴蜀符号构成。

❋ 直径3.6、通高0.8厘米

图 193 **铜印章**（M124：4）

❋ 圆形，桥形纽。印面日字格，格
内分别阴刻星月、心形等巴蜀符号。

❋ 长2.5、宽1.6、通高0.9厘米

图194　　**骨印章**（M83-1:55）

※　　残，印面正方形，阴刻柿蒂纹图案，印台上部
透雕蟠螭纹。

※　　边长1.1、通高1厘米

图 195　**骨印章**（M83-1:57）

※　残缺近半，印面为正方形，阴刻几何纹图案，
印台上部为透雕虎纹。

※　边长1.5、通高1.4厘米

**图 196** **骨印章**（M83-1:53）

※ 覆斗形纽，长方形印台，印面阴刻有波折纹符号。

※ 印面长2.8、宽2.5、通高1.6厘米

图 197 **铜腰带**（M100：7）

※ 兽头勾首，钩颈细长，钩腹盾形，其后以环纽
连缀三驾透雕马车，均为二马单辕,车上各有一人执
辔御马。三车背部以环纽相连。

※ 长15.9、宽3.9厘米

图 **198**

**铜腰带**（M132：18）

※ 兽头钩首，钩颈细长，钩腹焊接一铜猪，其后以环纽连缀三排铜猪，呈行进状，钩尾一猪稍大，后面紧跟一名执杆鞭的牧猪人。钩尾大猪的背面为圆形钩纽。

※ 长26、宽3.8厘米

图 199 **长方形骨饰件**（M33）

　　※　呈长条形。

　　※　长1.9、宽0.6、厚0.4厘米

图 200 **玛瑙珠**（M33）

　　※　呈扁圆形，直径0.4、孔径0.2、厚0.8厘米

图 201 | 珠饰（M51）

图 202 | 珠饰（M53）

图 203　　**玉鱼**（M44：53）

※　白色，系用白玉雕刻而成。

※　长5.6、宽1.8、厚0.1厘米

图 204　　**玉玦**（M37：3）

※　灰白色，圆形。

※　直径3.4、孔径1.4厘米

图 205　　**玉璧**（M46：44）

※　圆形。

※　外径3.4、内径1.4、厚0.5厘米

图 206 | **玉璧**（M48：4）

※ 一侧残断，圆形。

※ 直径4.2、孔径1.7厘米

图 207 | **磨石**（M64：36）

※ 体呈长方形，均为沙石制成，表面较为光滑。

※ 长10.3、宽4.8、厚1厘米

**图** 208 | **刻石**（2021SXLTN15E37 ⑤：1）

※　长条靴形，底面较平，较细一端刻有3个类似
文字的符号。

※　长77、最宽处22厘米

寻巴觅宝

宣汉罗家坝遗址出土文物选粹

# 四

# 秦汉时期

（前 221 年至前 8 年）

　　公元前 316 年，秦灭巴蜀，并于公元前 211 年统一了中国，开启了长达 2000 余年的帝国大一统时代。秦灭巴蜀对巴蜀之地产生了重大而深远的影响。随着移民和铁质生产工具的大规模推广，巴蜀之地得以进一步开发，而秦小篆作为官方使用的书写形式，开始在巴蜀之地广泛流传，秦汉帝国的思想也由此深入的影响了巴蜀大地。罗家坝遗址在秦至西汉中期还存在大量的人群，虽然其丧葬习俗还保留着战国时期的特征，但是铁器和汉字印章的出现，表明其已经进入了秦汉帝国时期。西汉中期以后，罗家坝外坝已经不再作为墓地使用，张家坝随之兴起。东汉和帝永元二年（公元 90 年），可能在此设立了"宣汉县"，以表达其"宣扬汉王朝德威"之意。

图 209

**陶高领罐**（M32：1）

※　夹细砂灰陶，圆唇，平沿，直口，高领，溜肩，
鼓腹，平底内凹。肩部以下饰粗绳纹。

※　口径13.4、底径11.6、通高24.6厘米

图 210 **陶高领罐**（M32：2）

※　夹细砂灰陶，圆唇，平沿，直口，高领，溜肩，
鼓腹，平底内凹。肩部以下饰粗绳纹。

※　口径16、底径9.6、通高22.8厘米

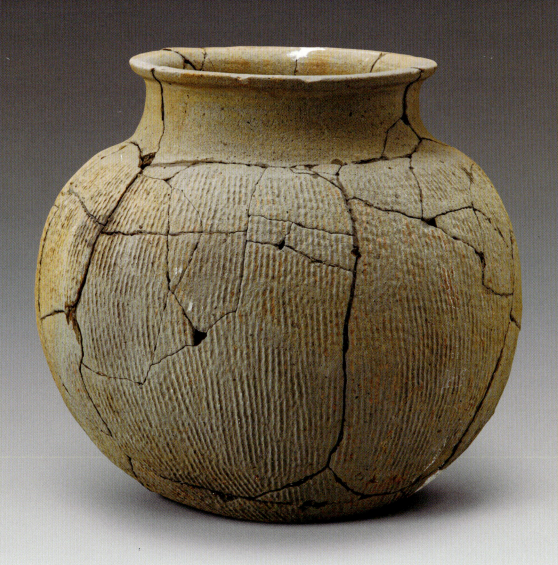

图 211 | **陶豆**（M32：3）

※　夹细砂灰陶，方唇，直口，口部变形，弧腹，深盘，喇叭形圈足，器内可见明显的轮制痕迹。素面。

※　口径16.2、底径7.4、通高8厘米

图 212

**陶盂**（M32：6）

※ 夹细砂褐陶，方唇，直口，溜肩，鼓腹，平底，
素面。

※ 口径9.4、底径7、通高10.4厘米

陶盂（M32：6）

图 213    陶盂（M32：8）

※    夹细砂褐陶，尖唇，卷沿，直口，矮领，鼓肩，
斜直腹，底部残。

※    口径9.6、残高9.6厘米

图 214 **陶盆**（M32：7）

※ 　夹细砂褐陶，方唇，直口微敛，腹部微鼓，平
底，肩部有拍印的细绳纹，上戳刺有一周"ƆƆ"纹。

※ 　口径14、底径10、通高9厘米

图 215 　铜印章"敬事"（M32：19）

※ 呈长方形，桥形纽，印面阳刻有"敬事"。

※ 长1.5、宽0.8、通高1.2厘米

图 216 　铜印章"仁士"（M93：13）

※ 桥形纽，印台呈台阶状，印面长方形，日字格，阴刻篆体"仁士"二字。

※ 长1.6、宽0.9、通高0.8厘米

图 217 　铜印章"仁士"（M102：1）

※ 桥形纽，印台呈台阶状，印面长方形，日字格，阴刻篆体"仁士"二字。

※ 长1.7、宽0.9、通高1.3厘米

图 218　铁带钩（H160：1）

※　呈 "S" 形，钩尖略残，钩身截面呈长方形，近尾端有一乳突与小弯钩，钩尾扁平。

※　残长4.5厘米

图 219　铁锸（M142 填土：1）

※　凹口锸，残断，残留部分小于二分之一，长条形竖銎，刃部不明，侧面平直。

※　高8.8厘米

图220　铁刀（M156：2）

※　长条形，直背，直刃，直柄，刀身宽于刀柄，已断为三截，断面呈三角形。

※　通长14.8、刃宽1.4、柄宽1.2厘米

图221　铁斧（M156：3）

※　梯形空首斧，竖銎，銎口呈长方形，銎部窄于刃部，外弧刃，侧面呈三角形。

※　宽4.5~8、高12.5厘米

图 222 | **铁鍪**（M156：4）

※　侈口，束颈，肩部有一环耳，弧腹，圜底近平。

※　口径11~15、高19.5厘米

铁鍪（M156：4）

# 后 记

　　川东是四川盆地东部的简称，该区域处于川西平原与汉水流域之间，主要为山区和丘陵地带，嘉陵江及其支流渠江、涪江流经其间，在各流域与山体之间，往往形成诸多的一级阶地或台地（当地人俗称为"坝"），在这些所谓的坝上往往就是古代先民生存繁衍所在。《华阳国志·巴志》中的"川崖唯平"就是这种地貌的直观反映。

　　对于"巴"的探索始于 20 世纪 30~40 年代，历经 80 余年，考古学家在历史文献记载中的巴国范围之内苦苦寻觅，终将巴文化的产生、发展、演变的宏大历史脉络逐渐梳理出来。但长期以来，作为巴文化分布范围之内的川东地区，始终未能有突破性进展。在三峡考古如火如荼开展之际，1999 年，四川省文物考古研究院开始对宣汉罗家坝遗址进行考古发掘，拉开了川东地区巴文化探索的序幕。截至目前，罗家坝遗址先后进行了 8 次考古发掘，共清理东周至西汉中期墓葬 200 余座，完整地呈现了川东地区晚期巴国的形态。从 2014 年开始，渠县城坝遗址连续 9 年的考古发掘，使得古代巴国的重要族群——"賨"的文化面貌逐渐清晰起来，这也为了解巴文化融入汉文化的过程提供了新材料。与此同时，为了解嘉陵江及支流渠江流域早期巴文化的内涵，2011 年，四川省文物考古研究院对渠江流域广安段开展了系统性考古调查，在此基础之上，2012 年四川大学考古学系对武胜苏家坝遗址进行了考古发掘，揭露出相当于三星堆文化二、三期的文化遗存。从 2017 年开始，四川省文物考古研究院开始对嘉陵江中上游地区开展系统性的考古调查，新发现了一批典型的商周文化遗存；对南充蔡家濠遗址和阆中彭城坝遗址进行了考古发掘，揭示出商周时期川东地区早期巴文化面貌。至此，从商周时期的早期巴文化，历经春秋战国时期的繁荣，至西汉中期融入汉文化的过程逐渐清晰了起来，虽有诸多细节尚不清晰，但大致轮廓已成形，让我们得以窥见巴国的重要族群——賨人在川东地区的起源、发展和演变的全过程。

　　20多年来，川东地区巴文化的探索主要依托于宣汉罗家坝遗址，故首先我们感谢宣汉县委、县政府对考古工作的全力支持，使得我们能够顺利地开展相关工作。我们也要感谢宣汉县文广新局和宣汉县文物管理所，无论是考古调查、发掘，还是资料整理，均为我们提供了诸多方便。更要感谢达州市委、市政府以及达州市文广新局、达州博物馆、达州市巴文化研究院等单位，正是他们将达州树立为"巴文化建设高地"，才为我们持续不断对川东地区巴文化的探索提供了信心。图录的编纂也得到了四川省文物考古研究院各级领导和各部门的大力支持，唐飞院长、周科华副院长始终关心本图录的编纂和出版工作，并为本书的出版提供了人力和物力的保障。在此，向以上的各部门和诸位表达衷心的感谢。

　　寻巴觅赏是一个长期过程，宣汉罗家坝遗址作为川东地区晚期巴国的代表，出土了大量精美的文物，为使公众能够第一时间了解考古发掘的最新进展，我们策划编纂了这本书，当然这只是"寻巴觅赏"的第一本书。接下来，我们还会编辑出版渠县城坝遗址的系列书籍以及嘉陵江流域考古成果，以便公众能够全面的了解川东地区巴文化的考古发掘与研究进展。本书的出版也是"考古中国·川渝地区巴蜀文明进程"项目研究的阶段性成果之一，同时这也是我们团队一直以来所做的《秦汉帝国的西南边疆》的部分成果。在此，我们向所有为巴文化考古工作做出努力的专家、学者致敬，向所有关心、关注巴文化的单位和个人致谢。向为本书出版付出努力的同行、同事和朋友们表达最诚挚的感谢。因为有了你们的支持和帮助，我们才可以继续勇往直前。

陈卫东

2023 年 1 月 4 日于城坝遗址临时工作站